A Breve História das Guerras do Afeganistão

Operação Ciclone, Os Mujahideen, As Guerras Civis Afegãs, A Invasão Soviética e a Ascensão do Talibã

Isenção de responsabilidade

1

Introdução

A Guerra do Afeganistão (russo: Афганская война;
Afganskaya wojna) começou com uma chegada soviético-
russa ao Afeganistão em 24 de dezembro de 1979. Esta
guerra entre a União Soviética de um lado e os Mujahedin
(combatentes da resistência islâmica) do outro terminou
em 15 de fevereiro de 1989 com a retirada das tropas
soviéticas do Afeganistão, após a qual eclodiu a Guerra
Civil Afegã.

Tabela de conteúdo

História anterior

O Afeganistão já teve várias esferas de influência no passado. No século XIX, do norte, o Império Russo veio cada vez mais para o sul, com o objetivo final de um porto do sul junto ao mar. A partir daí, o Império Britânico tentou deixar sua marca na região, devido a seu valor geoestratégico para os britânicos, para proteger a Índia britânica, sua colônia coronária, do expansionismo czarista (ver O Grande Jogo). Três vezes fizeram guerra contra os xales do Afeganistão: a Primeira Guerra Britânica-Afegã (1838-1842), a Segunda Guerra Britânica-Afegã (1878-1880) e a Terceira Guerra Britânica-Afegã (1919), sem sucesso. No entanto, eles conseguiram colocar a área dentro de sua esfera de influência. Com a independência da Índia e do Paquistão em 1947, a importância geoestratégica desapareceu e a influência soviética aumentou.

Correr para o comunismo

De 1933 a 1973, o rei Mohammed Zahir Shah governou o Afeganistão. De 1953 a 1963, seu sobrinho Mohammed Daoed Khan foi primeiro-ministro sob seu governo. Depois de 1959, as mulheres não eram mais obrigadas a usar lenços de cabeça e também era permitido às mulheres estudar em escolas e universidades. Em 1965, foi introduzido um parlamento com eleições livres. Durante esses anos, o partido pró-comunista do Afeganistão, o Partido Popular Democrático do Afeganistão, que era fortemente filiado à União Soviética, experimentou um grande crescimento. Em 1967, houve uma divisão dentro deste partido em dois grupos: o Khalq (Missa Popular) liderado por Nur Muhammad Taraki e Hafizullah Amin, e o Parcham (Bandeira) liderado por Babrak Karmal.

Mohammed Zahir Shah

Mohammed Zahir Shah (Pashtu: شاه ظاهر محمد, Persa: محمد ظاهرشاه) (Cabul, 15 de outubro de 1914 - lá, 23 de julho de 2007) foi o último rei (shah) do Afeganistão. Ele governou por um total de quatro décadas, desde 1933 até um golpe de Estado em 1973. Ao retornar do exílio em 2002, recebeu o título de Pai da Nação.

Antecedentes de Zahir Shah

Zahir Shah nasceu em Cabul como filho de Mohammed Nadir Shah, chefe da família real (do clã Mohumedzai, tributário da dinastia Barakzai) e chefe do exército afegão sob o antigo Shah Amanoellah Khan. Nadir Shah subiu ao trono após a execução de Habiboellah Kalakani, em 10 de

7

outubro de 1929. O pai de Mohammed Zahir nasceu em Dehradun, Índia, quando sua família foi para o exílio como resultado da segunda guerra anglo-afegã.

Nadir Shah era descendente de Mohammad Yusuf Khan Telai, meio-irmão de Dost Mohammed Khan. Seu bisavô Mohammad Yahya Khan foi responsável pela negociação entre Yaqub Khan e os britânicos que levou ao Pacto de Gandamak. A invasão britânica foi seguida pelo assassinato de Sir Louis Cavagnari em 1879. Yakub Khan e Yahya Khan foram capturados pelos britânicos e levados para a Índia onde foram mantidos até que o Emir Abdoer Rahman Khan os chamou de volta ao Afeganistão no último ano de seu governo (1901).

Zahir Shah foi educado em uma classe especial para príncipes na escola Habibia em Cabul. Ele continuou seus estudos na França, onde seu pai foi enviado em uma missão diplomática. Ele estudou no Instituto Pasteur e na Universidade de Montpellier. Após retornar ao Afeganistão, ele ajudou seu pai e seus tios a restaurar a ordem durante um período de caos em seu país. Mais tarde, ele se envolveu em uma escola do exército e nomeou um ministro particular. Zahir Shah serviu no governo em cargos como Ministro da Guerra e Ministro da Educação.

Zahir Shah falava fluentemente Pashtu, persa e um pouco de francês, inglês e italiano. Sua preferência pelo persa lhe deu grande prestígio entre o grupo mais importante do país, a elite de Cabul.

Reinado de Zahir Shah

Zahir frequentou a escola de infantaria em Cabul e um liceu em Montpellier, na França. Em 1932, ele se tornou ministro da educação. Menos de um ano depois, após o assassinato de seu pai Mohammed Nadir Shah em 8 de novembro de 1933, Zahid Khan foi nomeado Shah. Com sua ascensão ao trono, recebeu o título de Trustee of God, seguidor da religião do Islã. Durante os primeiros 30 anos, porém, ele teve que dividir o poder com seus tios Mohammad Hashim Khan e Shah Mahmoed Khan.

Este período testemunhou um crescimento nas relações do Afeganistão com a comunidade internacional. Em 1934, o Afeganistão tornou-se membro da Liga das Nações e recebeu total reconhecimento dos Estados Unidos. Notavelmente, durante a década de 1930, o Afeganistão chegou a acordos de assistência externa com seus principais parceiros comerciais: Alemanha, Itália e Japão.

Durante seu governo, Zahir tentou realizar modernizações. Embora ele tenha mantido relações estreitas com a vizinha União Soviética, ele prosseguiu um curso de política externa totalmente independente. Devido às intrigas dentro da família real, sua posição enfraqueceu consideravelmente durante os anos 60. Na verdade, a administração do país foi observada durante anos por membros da família, incluindo um tio e seu sobrinho Muhammad Daoed Khan. Este sobrinho depôs Zahir em 17 de julho de 1973 quando estava na Itália para tratamento médico. Daoed Khan aboliu a monarquia e se autoproclamou presidente. Seis anos mais tarde, em 1979, ele foi assassinado por comunistas.

Desde sua deposição em 1973 até 2002, Mohammed Zahir Shah viveu com sua família no subúrbio romano de Olgiata, onde cultivava tomates. Durante a ocupação comunista do Afeganistão e a guerra civil subsequente, ele foi visitado por numerosos compatriotas e diplomatas internacionais, na esperança de que eles pudessem seduzi-lo a desempenhar um papel fundamental na reconciliação de muitas facções afegãs.

Finalmente, em 2002, aos 87 anos de idade, Zahir Shah foi o fator decisivo na formação do governo Karzai. Consequentemente, depois que Karzai foi designado líder de um governo de transição na conferência de Petersberg perto de Bonn, ele viajou para Roma sem demora, onde Zahir Shah lhe deu a "bênção paterna". O ex-editor pediu a organização de uma Loya jirga, um conselho constituinte na presença de todos os chefes, administradores e líderes étnicos e espirituais do país. Karzai acompanhou pessoalmente o ex-monarca em abril de 2002 em sua viagem de Roma a Cabul, onde Zahir deveria liderar esta reunião extraordinária.

Desde então, Zahir Shah viveu novamente em Cabul, onde, entre outras coisas, participou da instalação do primeiro parlamento do pós-guerra em 19 de dezembro de 2005 e se dirigiu aos parlamentares. Em 23 de julho de 2007, ele morreu aos 92 anos de idade, após um mês de doença. O Presidente Karzai declarou três dias de luto nacional.

O golpe de 1973

Daoed organizou um golpe com a ajuda de oficiais comunistas do exército. Em 17 de julho de 1973, Daoed chegou ao poder após depor o rei Zahir Shah por causa das más condições econômicas e da suspeita de corrupção. Ele se proclamou presidente da nova república, pondo fim à monarquia.

No governo de Daoed vieram membros da facção comunista Parcham. As liberdades civis foram removidas e os opositores políticos foram suprimidos. Pouco veio de suas reformas sócio-econômicas e o governo de Daud evoluiu para um estado monopartidário esquerdista. A dependência da União Soviética foi um espinho do lado de Daud e ele procurou uma aproximação com outros países islâmicos, como o Irã e o Paquistão, mas rejeitou o islamismo. Em 1975, Daud afastou os comunistas de seu governo. Alimentado pelas más condições, o Partido Popular Democrático uniu-se novamente, sob pressão da União Soviética.

Quem era o Daoed Khan?

Muhammad Daoed Khan (Pashtu: خان داود محمد) (Cabul, 18 de julho de 1909 - lá, 28 de abril de 1978) era um sardar afegão (príncipe) e estadista. Daoed Khan pertencia à família real do Afeganistão e era sobrinho e cunhado do rei Mohammed Zahir Shah.

Daoed recebeu treinamento militar na França e na Índia britânica (atual Índia) e ocupou vários postos diplomáticos desde os anos 30. Na década de 1930, Daoed serviu como governador. Em 1939, ele atingiu a patente de tenente-general do exército. Em 1953, Daoed Khan tornou-se primeiro-ministro. Ele introduziu um plano de reforma maciço. Com a ajuda da União Soviética e dos Estados Unidos, a infra-estrutura afegã foi melhorada e os aeroportos foram construídos. Daoed também fez campanha pela emancipação da mulher. Por causa dos bons contatos que manteve com a União Soviética, ele foi algumas vezes chamado de "Príncipe Vermelho". Em 1963, Daud foi posto de lado pelo rei Zahir Shah, que em 1965 deu ao Afeganistão uma nova constituição e realizou eleições. Segundo a nova constituição, os membros próximos da família real não podiam mais ocupar cargos ministeriais.

Desde o início dos anos 70, Daoed buscou contato com políticos liberais, intelectuais de esquerda, mas especialmente com pessoal militar.

O primeiro presidente do Afeganistão

Em 17 de julho de 1973, Daoed, com a colaboração de alguns comunistas e militares esquerdistas, encenou um golpe de Estado que pôs fim à monarquia. Daoed tornou-se presidente e primeiro-ministro da República do Afeganistão. Alguns políticos e militares de esquerda foram incluídos no governo, mas foram substituídos em 1975 por ministros conservadores e parentes de Daoed Khan. Em dezembro de 1976, uma tentativa de golpe liderada pelo General Mir Achmad Shah, que foi tramada para expulsá-lo, fracassou.

No início de 1977, a Loya jirga, a primeira assembléia tradicional de anciãos desde o golpe de 17 de julho de 1973, adotou uma nova constituição que fez do Afeganistão um estado de partido único com o Partido Revolucionário Nacional (HIM, Hezb-e Inqelab-e Milli) como o único partido permitido. A Sharia (lei islâmica) foi declarada lei suprema.

Como presidente, Daoed Khan buscou a neutralidade. Um membro afegão da CENVO foi rejeitado por ele.

17

Em 28 de abril de 1978, os oficiais militares esquerdistas Major Aslam Watanjer e Coronel Abdoel Qadir conseguiram um golpe de Estado. No processo, o Presidente Daoed e 17 de seus familiares e associados foram executados e os comunistas pró-russos do Partido Democrata Popular do Afeganistão chegaram ao poder.

Corpo encontrado e sepultamento

O paradeiro dos corpos de Khan e de seus seguidores havia muito tempo que estava na escuridão. Em julho de 2008, na direção de um general envolvido em seu enterro em 1978, uma vala comum foi descoberta na região de Pul-e Charkhi, ao leste de Cabul. Em 4 de dezembro daquele ano, o Ministério da Saúde afegão anunciou que tinha sido determinado que um dos 17 corpos exumados era o de Khan. Isto foi concluído com base nos registros dentários e na proximidade de um Alcorão de ouro, que o presidente havia recebido do rei da Arábia Saudita.

Em 17 de março de 2009, os corpos de Khan e 15 membros da família foram oficialmente enterrados em uma colina fora de Cabul, após uma cerimônia no antigo palácio presidencial na qual participaram o Presidente

Hamid Karzai, ministros e generais, além dos parentes mais próximos.

Nur Muhammad Taraki

Daoed foi removido no golpe comunista de 27 de abril de 1978. Daoed e grande parte de sua família foram posteriormente assassinados por membros deste partido em 27 de abril de 1978. A secretária-geral do partido, Nur Muhammad Taraki, tornou-se então primeira-ministra e presidente. Após o golpe, cerca de 10.000 apoiadores do antigo governo foram mortos pelos comunistas. Cerca de 14.000 a 20.000 foram jogados na cadeia. As reformas de Taraki também não tiveram sucesso, forçando-o a ceder a primeira posição a seu ex-líder Khalq, o Hafizullah Amin, mais radical. Entretanto, a resistência se intensificou, levando Taraki a aprender na União Soviética que Amin deveria ser eliminado. Amin cheirava a traição e teve Taraki estrangulado após seu retorno da União Soviética.

O governo comunista rompeu com a vida tradicional da sociedade afegã. As dívidas e hipotecas relacionadas à produção agrícola foram abolidas e a propaganda anti-religiosa foi difundida. Em julho de 1978 ocorreram os primeiros levantes. O governo comunista e seus conselheiros soviéticos utilizaram a violência em larga escala. Em março de 1979, 1.700 homens e meninos da aldeia de Kerala na província de Kunar foram reunidos na praça da aldeia e mortos a tiros com metralhadoras pelas tropas do governo. Os corpos e feridos foram jogados em três valas comuns e enterrados com bulldozers. Durante algum tempo, as mulheres puderam ver o chão se movendo dos feridos tentando escapar da cova.

No entanto, Amin perdeu autoridade para os Mujahedin, um movimento de resistência islâmico. Expandindo o apoio soviético, em março de 1979, vários MiGs com base soviética foram usados para bombardear Herat, que era mantido por combatentes anticomunistas. Os bombardeios e a posterior captura da cidade pelas forças terrestres levaram à morte de 5.000 a 25.000 pessoas - de uma população total de 200.000. O ataque a Herat levou a grandes revoltas em todo o país. Isto intensificou o apoio da União Soviética. Na prisão Pul-e-Charkhi, centenas de pessoas por dia eram assassinadas, algumas enterradas vivas em latrinas. Em setembro de 1979, a administração penitenciária reconheceu que mais de 12.000 presos haviam sido mortos.

Mujahedin

Mujahedien é a forma plural de mujahed (مجاهد), que significa literalmente em árabe "combatente", "zealot", alguém comprometido com a jihad ou "luta", mas é muitas vezes traduzido como guerreiro santo. No final do século 20, o termo mujahedin era freqüentemente usado na mídia para descrever vários combatentes armados que abraçavam as ideologias fundamentalistas muçulmanas.

Mujahedin afegão

Os mais conhecidos e mais temidos mujahedin foram os vários grupos de oposição frouxamente aliados que lutaram contra a invasão soviética do Afeganistão entre 1979 e 1989, e depois lutaram uns contra os outros na

22

guerra civil subsequente. Estes mujahedin foram
principalmente financiados, armados e treinados pelos
Estados Unidos (sob as presidências de Jimmy Carter e
Ronald Reagan), China, Paquistão e Arábia Saudita.
Carter iniciou esta operação (encoberta) sob o nome de
"Operação Ciclone". Reagan chamou esses mujahedin de
"combatentes da liberdade ... que defendem os princípios
de independência e liberdade que formam a base da
segurança e estabilidade global".

No Ocidente, os Mujahideen foram retratados
positivamente nos populares filmes de ação The Living
Daylights, Rambo III e Charlie Wilson's War. Após a
retirada dos soviéticos, os Mujahedin se desintegraram em
duas facções de malha solta, a Aliança do Norte e o

Talibã, que depois lutaram em uma guerra civil pelo controle do Afeganistão.

Wealthy Saudi Osama bin Laden foi um proeminente organizador e financiador dos Mujahedin; seu Maktab al-Khadamat (MAK), "Escritório de Serviços", canalizou dinheiro, armas e combatentes islâmicos de todo o mundo para o Afeganistão, com o apoio dos governos americano, paquistanês e saudita. Em 1988, Bin Laden rompeu com o MAK, juntamente com vários outros membros militantes, e formou a Al-Qaeda, para construir a resistência contra a União Soviética em um movimento islâmico fundamentalista global.

A intervenção soviética

O núcleo Politburo (Aleksey Kosygin, Konstantin Chernenko e Yuri Andropov) propôs uma mudança de rumo. Leonid Brezhnev concordou com isso. Em 24 de dezembro de 1979, a intervenção soviética teve lugar no Afeganistão. Amin sabia disso com antecedência e havia concordado (Braithwaite 2011, p. 87).

Um cozinheiro soviético tentou envenenar Amin, mas falhou porque ele bebeu Coca-Cola, cujo ácido atuou sobre o veneno. Consequentemente, as tropas soviéticas enviadas para proteger o palácio de Amin descascaram elas mesmas o palácio. Ele foi encontrado morto no bar do terceiro andar.

O dócil Babrak Karmal chegou ao poder. Sua atualização do Islã provou ser insuficiente. Além disso, a presença dos soldados ateus soviéticos foi mais um motivo de resistência.

A CIA apoiou os insurgentes com armas fornecidas através do serviço secreto do Paquistão. Esta era uma política anticomunista de Zbigniew Brzeziński e mais tarde de Ronald Reagan. Os insurgentes receberam primeiro rifles Lee-Enfield britânicos, armas anti-tanque e eventualmente mísseis Stinger, que um soldado de infantaria podia atirar do ombro para atirar helicópteros ou aviões do céu. A CIA forneceu armas no valor de US$ 1 bilhão.

Durante os nove anos de guerra, o exército soviético e os comunistas afegãos não conseguiram controlar mais do que 20% do território do país.

Oficialmente, os afegãos tiveram que pagar a intervenção soviética com recursos. Um total de mais de 600.000 tropas soviéticas foram enviadas ao país, das quais

14.751 morreram. Mulheres foram atiradas de helicópteros russos e aldeias inteiras foram destruídas.

O exército soviético se mostrou incapaz de derrotar os Mujahedin. Os Estados Unidos desconfiaram dos soviéticos porque o Afeganistão os aproximou dos poços de petróleo. Uma condenação das Nações Unidas tornou as coisas ainda mais difíceis.

A ascensão de Mikhail Gorbachev ao poder levou à retirada do Afeganistão. Em seu livro Perestroika, Mikhail Gorbachev escreveu em 1987 que o objetivo da invasão era "quebrar os padrões medievais" a fim de "modernizar as instituições políticas e sociais e colocar o progresso em uma velocidade superior". Ele também escreveu: "Queremos nossos soldados de volta para casa o mais

27

rápido possível (...) A União Soviética quer que o Afeganistão seja independente, soberano e não-alinhado, como antes.

É direito soberano do Estado afegão decidir que caminho seguirá, que governo terá e que programas de desenvolvimento serão implementados.

A interferência dos EUA atrasa a retirada de nossas tropas e impede a introdução da política de reconciliação nacional e, portanto, a resolução de toda a questão afegã".

Foi somente em 1989 que a União Soviética se retirou daquele país. Em seu retiro, eles atacaram a milícia do norte de Achmed Shah Massoud por vontade do governo central, embora lhe tivesse sido prometido retiro livre.

A guerra criou cinco milhões de refugiados no Paquistão e no Irã. Estima-se que 1,5 milhões a 2 milhões de pessoas foram mortas - 90% delas civis.

Após a guerra

Após a guerra, as divisões no Afeganistão entre os Mujahedin criaram uma guerra civil. Em 1996, o Talibã chegou ao poder e a situação se estabilizou em grande parte. Após os ataques de 11 de setembro de 2001, o Talibã foi acusado pelos americanos de apoiar a Al-Qaeda, o movimento terrorista de Osama bin Laden, e os americanos e seus aliados decidiram uma guerra contra o Talibã. A força multinacional da ISAF está ajudando no processo de democratização.

Guerra Civil Afegã (1989-2001)

A Guerra Civil Afegã representa um episódio na história moderna do Afeganistão, de fevereiro de 1989 a outubro de 2001, dentro da guerra mais ampla que vem ocorrendo no Afeganistão desde 1978.

O conflito começou com um golpe comunista em abril de 1978, conhecido como a Revolução Saur. Várias revoltas eclodiram contra o novo regime comunista em 1979. A intervenção soviético-russa no Afeganistão (1979-1989) teve como objetivo apoiar o regime comunista contra as revoltas. Isto se deveu em parte ao fato de que os combatentes islamistas de muitos países se sentiram chamados a expulsar os comunistas "sem Deus" do país. Alguns destes rebeldes receberam apoio dos Estados Unidos, que aproveitaram esta oportunidade para enfraquecer a União Soviética, seu arqui-inimigo durante a Guerra Fria. O Exército Vermelho foi derrotado e deixou o país em fevereiro de 1989.

Já em 1987 a 1989, várias facções rebeldes islâmicas se enfrentaram entre si enquanto os russos ainda se encontravam no país. De acordo com vários relatórios publicados nos anos 80, o Hezb-i Islami de Gulbuddin Hekmatyar, em particular, adquiriu uma má reputação por atacar outros grupos de resistência, especialmente o de Ahmad Shah Massoud, e invadir ou bloquear seus suprimentos de alimentos e armas e caravanas de organizações de ajuda.

Rodar

A guerra passou por várias fases e resultou de conflitos armados anteriores no Afeganistão, que começaram em abril de 1978. A retirada das tropas soviéticas em fevereiro de 1989 pode ser vista como o início da Guerra Civil Afegã, mas, essencialmente, havia anos de conflito armado entre as várias facções rebeldes antes disso. A guerra civil também nunca 'terminou'; ela se derramou em uma nova guerra com a intervenção americana de 2001.

A história da invasão russa

É uma noite fria de abril de 1980. O sol se põe atrás dos picos nevados das montanhas Hindu Kush, enquanto uma coluna de veículos do exército russo atravessa a paisagem montanhosa. O som de tanques e caminhões enche o vale do Panjshir ao norte da capital afegã, Cabul. O comboio chega a uma passagem estreita com um precipício de um lado e um penhasco íngreme e rochoso do outro.

Vladimir Polyakov, 25 anos, está desfrutando da vista das belas montanhas quando de repente ouve algo. O oficial alto e de cabelo escuro percebe que está sendo atacado por rebeldes locais - os chamados mujahedin - e alguns segundos depois sua unidade é enterrada sob balas e granadas. Ele e seus homens saltam de seus caminhões e se abrigam atrás das rochas.

Durante minutos, o tenente ouve como seus soldados estão sob fogo pesado de um inimigo invisível. Ele percebe que os russos não sobreviverão a este ataque se continuarem a se esconder atrás das rochas. Polyakov gesticula a seus homens para subir a íngreme montanha para atacar o mujahedin em seu planalto. Mas quando finalmente chegam lá, os afegãos já se foram há muito tempo - desapareceram na calada da noite.

Ao amanhecer, os russos voltam a descer as montanhas e, ao sol da manhã, contam cerca de 25 camaradas mortos na emboscada. Provavelmente, os russos não feriram nem mesmo um moedjahedien. Desanimados, eles levantam os soldados caídos do chão encharcado de sangue.

Polyakov e seus compatriotas vieram ao Afeganistão para travar uma heróica batalha pelo comunismo. Mas apenas cinco meses após a invasão russa do país vizinho, os soldados percebem que a guerra lhes custará caro - e o problema só agora começou.

A União Soviética quer um vizinho comunista

Nos anos 70, a União Soviética se interessou cada vez mais pelo Afeganistão devastado pela guerra. De fato, o árido país vizinho com suas montanhas e desertos não é de particular interesse para a superpotência, mas por causa da Guerra Fria, ele quer uma "zona tampão" de aliados.

Moscou, portanto, olhou com satisfação quando o Partido Comunista Afegão, o PDPA, chegou ao poder em 1978 após um golpe de Estado.

O PDPA introduz o direito de voto para as mulheres, a proibição de casamentos forçados e reformas segundo as linhas russas. Mas quase todos os 20 milhões de afegãos são muçulmanos, e as reformas levam a uma revolta entre os grupos islâmicos, que iniciam uma luta armada contra o governo.

As coisas também não estão resolvidas dentro do PDPA. No outono de 1979, o Hafizullah Amin executou o presidente anterior e depois tomou o poder.

Moscou começa agora a se preocupar de qualquer maneira. A liderança soviética, liderada por Leonid Brezhnev, não confia em Amin, que os russos dizem ser mais pró-americano que seu predecessor. Portanto, o Kremlin decide intervir no Afeganistão. Os russos querem matar dois coelhos de uma cajadada só: colocar no poder um líder pró-russo - o comunista Babrak Karmal - e fazer algo a respeito da ameaça dos rebeldes afegãos, que são apoiados por seus vizinhos muçulmanos.

"Foi decidido enviar várias unidades russas para a República Democrática do Afeganistão. Eles estarão estacionados nas regiões sul do país para evitar qualquer ação antiafgã por parte dos países vizinhos", diz uma instrução de Moscou em 24 de dezembro de 1979.

Os russos também decidem se livrar de Amin. Em dezembro, eles já haviam tentado matá-lo, mandando um cozinheiro russo colocar veneno em sua amada Coca-Cola.

O ataque falhou - somente o sobrinho de Amin entrou em coma quando ele provou a cocaína. Para evitar novos erros, os russos enviam o Spetsnaz para Cabul.

Soldados de elite liquidam o líder

Na manhã do dia 27 de dezembro, o Hafizullah Amin está de bom humor. Isto porque ele acaba de saber que Moscou lhe enviará soldados para combater os rebeldes muçulmanos. O que ele não sabe é que ele mesmo está sendo visado pelos russos e que os soldados de elite Spetsnaz estão prontos para invadir o Palácio Tajbeg fora de Cabul.

Os soldados Spetsnaz abrem fogo sobre os soldados do governo que defendem o palácio às 19h30. Os veículos blindados russos sobem rapidamente a colina em direção ao palácio, atirando granadas e atirando em torno deles com Kalashnikovs. Quando chegam ao palácio, os soldados de elite saltam para fora e forçam sua entrada pelas janelas.

Quando o último tanque soviético saiu do país, o governo socialista da República Democrática do Afeganistão ainda controlava a maioria das grandes cidades e as estradas entre elas, enquanto as áreas rurais haviam caído nas mãos de uma variedade de milícias. Estas várias facções rebeldes, quase todas com assinatura islâmica, lutaram

36

então contra o governo por mais três anos, até que em abril de 1992 a capital Cabul finalmente caiu em suas mãos e o presidente Mohammed Nadjiboellah foi forçado a renunciar em 15 de abril.

Como os russos tentaram novamente envenenar o duro Amin no almoço, ele é cuidado por dois médicos enquanto o palácio está sendo atacado. É um caos total, mas Amin ainda está convencido de que os russos estão do seu lado. Otimista, ele diz a seu ajudante: "Os russos querem ajudar! Quando o ajudante diz que afinal são realmente os russos que estão atacando-os, Amin joga um cinzeiro em sua cabeça. Ele se recusa a acreditar nele.

Mas depois de tentar, sem sucesso, chamar os russos algumas vezes, ele afunda de volta em sua cadeira, desnorteado e murmura: "Eu sabia disso. É verdade".

Os Spetsnaz conquistam os corredores do palácio, tiros soando em todos os lugares. Através do barulho, o filho de 5 anos de Amin corre para seu pai e se agarra a suas pernas.

"Temos que partir". Aqui é perigoso. Ele não precisa mais de nós", diz um médico ao outro antes que eles saiam.
37

Segundos depois, os soldados russos chegam ao presidente. Eles atiram nele com espingardas automáticas e, por razões de segurança, também atiram uma granada. Amin e seu filho estão feitos em pedaços.

Antes do sol nascer na manhã seguinte, outras tropas russas capturaram edifícios do governo e estações de televisão e rádio em Cabul. Durante as notícias da manhã, a Rádio Cabul informa que o Hafizullah Amin foi julgado e executado como "um inimigo do povo". Babrak Karmal é o novo líder do país.

Ao mesmo tempo, quase 100.000 tropas soviéticas e milhares de veículos do exército estão atravessando a fronteira e se espalhando como um ventilador pelo Afeganistão. Moscou pensa que uma vez que o exército tenha o controle das cidades, da indústria e das linhas de transporte, tudo estará bem. Os soldados brilham de orgulho.

Foi-nos dito que tínhamos sorte. Tivemos a grande honra de realizar uma missão internacional no Afeganistão em nome do Partido", disse-me o soldado russo Ivan Kovalchuk, de 20 anos de idade.

38

Durante os primeiros dias, o avanço está indo bem e o exército de ocupação está repleto de otimismo e autoconfiança. A missão parece ser um grande sucesso. Mas os russos subestimaram seriamente seus adversários afegãos.

Os muçulmanos ripostam

Enquanto tanques russos entram no Afeganistão, os insurgentes islâmicos - os Mujahedin - preparam-se para dificultar a vida das forças invasoras e do exército do governo Karmal. Os insurgentes são muito diferentes e não concordam sobre como seu país deve ser governado no futuro. Mas eles sabem que o comunismo não é a solução e que qualquer simpatizante russo ou soviético deve pagar com sua vida.

Os Mujahedin sabem que enfrentam uma superpotência militar, mas estes guerreiros santos lutam com coração e alma. Felizmente para eles, grande parte do mundo está cético em relação à invasão russa e logo países muçulmanos como Arábia Saudita, Egito e Paquistão estão enviando dinheiro e armas para os Mujahedin.

Os EUA também levaram a sério esta escalada russa da Guerra Fria e logo enviaram milhares de espingardas e munições Lee-Enfield.

As armas são contrabandeadas do Paquistão para o Afeganistão, onde os rebeldes se escondem nas montanhas. As forças soviéticas controlam grandes partes

do Afeganistão durante o dia, mas à noite e à noite os
Mujahedin governam - especialmente nas passagens das
montanhas, que são uma importante rota de
abastecimento entre a União Soviética e o Afeganistão.

Em 1980, os russos se depararam repetidamente com
emboscadas, assim como a unidade do Tenente Vladimir
Polyakov no Vale de Panjshir, em abril. Muito
astuciosamente, os guerrilheiros atacam com 10 a 30
homens do alto e eles desaparecem antes que os russos
possam atacar de volta.

Outra tática dos guerreiros santos é colocar minas na
estrada - quando os russos param para desminá-las, os
soldados são baleados por franco-atiradores. Por serem
praticamente invisíveis, os russos chamam os
moedjahedien doechi - fantasmas.

Os doechi evitam confrontos diretos, mas suas
emboscadas dificultam as manobras rápidas e
operacionais de nossas tropas. Em resumo, eles são
animais astuciosos', diz um oficial russo, cujas tropas
encontram regularmente resistência no Vale do Panjshir, a
estreita passagem logo apelidada de 'Vale da Morte'.

O vale do Panjshir fica vermelho de sangue

Nenhum grupo de mujahedin foi tão bem-sucedido quanto o de Achmed Shah Massud. O afegão apelidado de "Leão de Panjshir" treina seu exército guerrilheiro no vale de 145 km, a poucas horas de carro de Cabul.

A Massoed possui excelentes talentos pessoais e de liderança. Ele está determinado a atingir seus objetivos. Um adversário inteligente e cruel', os russos escrevem em seus arquivos secretos.

Nos dois primeiros anos da guerra, os russos estão morrendo pelos arbustos no Vale Panjshir, e quando Massoed até lança um ousado ataque à base aérea russa em Bagram, em abril de 1982, os russos já tiveram o suficiente. Eles querem tomar o Vale da Morte de uma vez por todas e reprimir a resistência.

Na manhã do dia 17 de maio, aviões de guerra e helicópteros aparecem sobre o vale. Eles jogam granadas e foguetes de fogo nos esconderijos do mujahedin. Poucas horas depois, uma força de 10.000 soldados e veículos de combate avança da entrada sudoeste do vale, enquanto helicópteros lançam pára-quedistas. Trata-se de uma nova tática que ultrapassa a guerrilha.

De repente, 200 helicópteros voaram e 2.000 ou 3.000 comandos aterrissaram. Nossos moedjahedien ficaram totalmente surpresos. Os russos se espalharam por todo o vale do Panjshir, então quase não conseguimos atacar", disse-nos mais tarde um dos combatentes de Massood.

Mas Mas Massoed era um gênio tático. Ao usar dinamite para causar uma avalanche de rochas, ele bloqueou a abertura do vale para a maior parte da força russa. Com isso, a ameaça imediata acabou e o mujahedin no vale pôde se concentrar em sua luta contra os paraquedistas.

Nas montanhas, os russos estão tentando caçar os guerrilheiros, mas eles estão pisando em gelo fino. O soldado Igor Ponomarenko percebe isso quando ele e sua unidade tentam em vão atacar um grupo de mujahedin em um cume.

Andamos de pedra em pedra, de pedra em pedra, cada vez mais alto, enquanto nos cobrimos mutuamente com nossos rifles. Mas nem todos chegaram ao outro lado do terreno rochoso. Tivemos que deixar os mortos e quatro feridos para trás. Os guerrilheiros começaram a atirar nos feridos. E não podíamos fazer nada para detê-los. Ainda hoje posso ouvi-los gritar", lembrou Ponomarenko depois da guerra.

Apesar de todos os contratempos, os russos ganham temporariamente o controle do vale do vale. Mas devido aos constantes ataques dos mujahedin, as tropas soviéticas têm que abandonar a passagem da montanha algumas semanas depois.

Em 1984, os russos tentaram um ataque ainda maior, com 20.000 homens - mas o resultado é o mesmo. As tropas soviéticas percebem que nunca tomarão completamente o Vale Panjshir. Em vez disso, eles pretendem encurralar o mujahedin com operações menores e bombardeio de vilarejos no vale.

Porque não conseguiram nos derrotar, eles agora esfriaram sua raiva sobre pessoas inocentes. Eles estão matando idosos, mulheres e crianças, destruindo seus lares e destruindo colheitas", queixa-se Massoed.

Os russos são desmotivados

Após anos de operações fracassadas e camaradas caídos, os russos se vingam da população civil por frustração. O tenente Poyakov também nota que seus homens se tornam cada vez mais violentos e se envergonha quando descobre que não sente remorsos quando vê um civil afegão com balas em seu corpo.

No vale de Kunar, perto da fronteira com o Paquistão, os russos encontram muitos pastores contrabandeando armas para os mujahedin, por exemplo, amarrando-os sob a barriga de suas ovelhas. Depois, os russos reprimem. Quando os soldados pegam um menino que atirou neles com um fuzil velho e o levam de volta ao acampamento, o comandante deles lida com ele de forma enérgica.

Ele partiu o crânio do garoto com o rabo do rifle e o matou com um golpe, sem se levantar da cadeira', relatou uma testemunha russa.

Poljakov e seus camaradas estão chocados ao ver os moradores locais ajudando os Mujahedin. De fato, foi dito aos soldados de Moscou que eles estão no Afeganistão para ajudar os afegãos contra os imperialistas e os rebeldes islâmicos.

Mas a população não está esperando pelos russos, e quanto mais os estrangeiros devastam, maior é o apoio aos rebeldes muçulmanos - que agora também se disfarçam de civis. Os mujahedin se escondem atrás de burkas e roupas camponesas e colocam minas em relógios e gravadores em casas de vilarejos.

Os soldados russos estão ficando cada vez mais frustrados pela falta de progresso, e a vida nas montanhas e no deserto afegão é sombria.

'Areia nos olhos, areia na boca, areia correndo por suas veias', cantam os soldados no quartel.

No inverno, a neve cai nas montanhas e os verões são muito quentes. Os russos andam em suas calças e tentam escapar do calor colocando colchões contra as janelas e jogando baldes de água sobre eles.

Devido às duras condições e à água poluída, os acampamentos são assolados por disenteria, febre tifóide e cólera. Mas o que Poljakov acha muito pior é o uso de drogas entre os soldados. Quando o oficial pega seus homens fumando haxixe, ele os manda chicotear imediatamente, mas em todos os lugares os soldados desmotivados recorrem aos narcóticos.

Vodca e licor caseiro são outro problema, do qual os mujahedin fazem bom uso. Assim que seus batedores vêem que os russos estão bêbados, eles atacam ou entram sorrateiramente no acampamento para matar os soldados bêbados.

Em Cabul, um simpatizante mujahedin consegue até mesmo deixar um político e dois conselheiros tão bêbados que ficam inconscientes. O afegão entra em contato com os rebeldes, que vêm até a casa e pegam os três russos bêbados a jato.

"Levamos os bêbados para um abrigo nas montanhas. Quando ficaram sóbrios novamente, demos-lhes a oportunidade de se converterem ao islamismo. Eles se recusaram. Não podíamos atirar neles mortos porque os tiros poderiam atrair a atenção de um posto de segurança próximo, então os enterramos vivos', disse-nos um mujahid.

As armas estrangeiras determinam a guerra

Embora os russos estivessem frustrados com o progresso limitado no Afeganistão em meados dos anos 80, eles ainda tinham uma arma poderosa: helicópteros de ataque. Com suas metralhadoras e mísseis, esses Mi-24 semearam a morte e a destruição no Afeganistão. E mesmo no território natal do mujahedin, no alto das montanhas, pilotos habilidosos podem encontrar um caminho entre as paredes de rocha. Do ar, eles atacam qualquer coisa parecida com guerrilhas ou remessas de armas e munições do Paquistão.

Os civis e os mujahedin chamam esses helicópteros de "carro de Satanás". Os rebeldes pedem armas aos países estrangeiros para que possam acabar com este pesadelo voador. Suas preces são respondidas em 1986 quando Ronald Reagan decide que o míssil americano Stinger deve ser produzido em massa e enviado para o Afeganistão na luta contra o comunismo.

Durante o verão, os mujahedin foram treinados no uso deste míssil antiaéreo de última geração e, no dia 26 de

setembro, um grupo, liderado pelo engenheiro "Ghaffar",
esgueirou-se para uma base aérea russa a leste de Cabul.
Com a aproximação de quatro Mi-24s, os mujahedin se
agacham com a nova arma sobre seus ombros. A cada
segundo, três mísseis Stinger entram no ar a 2.700 km/h e
atingem três helicópteros. As máquinas se transformam
em bolas de fogo antes de colidirem e explodirem. Os
guerrilheiros penduram os tubos das armas de volta nas
costas e desaparecem nas montanhas.

Esta ação marca o início do fim da invasão russa no
Afeganistão. A vida como piloto Mi-24 tornou-se
50

subitamente ameaçadora, e nos meses seguintes os russos perderam inúmeros helicópteros - no valor de 12 milhões de dólares cada um.

Gorbachev quer sair do Afeganistão

Enquanto a União Soviética está totalmente atolada no Afeganistão, muita coisa está mudando em Moscou, onde Mikhail Gorbachev se tornou Secretário Geral do Partido Comunista. O líder progressista não é a favor da guerra no país vizinho e, em novembro de 1986, ele quer parar.

Temos realmente que continuar lutando sem parar para provar que nossas tropas não conseguem lidar com a situação? Devemos terminar este processo o mais rápido possível", disse Gorbachev a seus colegas comunistas no Politburo.

Os líderes do Kremlin concordam em terminar a guerra dentro de dois anos. Durante sete anos, 620.000 russos e quase 300.000 soldados do governo afegão tentaram derrotar os Mujahedin. A guerra não tem apoio popular e está custando uma fortuna à superpotência - que os russos não têm.

Em 1987, Gorbachev decidiu retirar metade das tropas restantes do Afeganistão, sendo que a última metade regressaria à União Soviética em 1988. Até que isso aconteça, as tropas russas devem tomar uma posição defensiva. A partir de então, a luta contra os rebeldes é tarefa do novo líder comunista do Afeganistão, Mohammed Nadjiboellah.

Da República Democrática ao Estado Islâmico

O Acordo de Peshawar de 25 de abril de 1992, que previa uma partilha do poder dentro de um governo provisório de unidade nacional, foi assinado por seis dos sete principais partidos afegãos de resistência anti-soviética. Alguns remanescentes do governo Nadjiboellah apoiaram a mudança de poder. Notavelmente, o Hezb-e Islami ("Partido Islâmico"), a facção do Pashtun Gulbuddin Hekmatyar, recusou-se a assinar o acordo. Um estado islâmico foi declarado, a lei islâmica foi introduzida, os bares foram fechados e as mulheres foram obrigadas a usar o hijab. Em junho, Burhanuddin Rabbani, líder da facção Jamiat-e Islami ("Sociedade Islâmica"), dominada pelos tajiques, foi nomeado presidente interino do novo Estado Islâmico do Afeganistão. Em 30 de dezembro de 1992, Rabbani foi eleito para chefiar um conselho de sete membros para um mandato de dois anos.

Elevação do Talibã

Entretanto, a facção Hezb-e Islami do líder rebelde Hekmatyar (que havia se separado do Jamiat-e Islami em 1976) reivindicou uma fatia do poder e começou a se chocar com as forças de Rabbani a partir de maio. Uma nova guerra civil se acendeu e várias facções se enfrentaram. Após meses de luta, eles assinaram um acordo em março de 1993, com Hekmatyar se tornando primeiro-ministro do Afeganistão em junho e a presidência de Rabbani foi reduzida de 2 anos para 1,5 anos. As batalhas entre várias facções rebeldes continuaram, no entanto, e Cabul foi destruída em grande parte enquanto as facções beligerantes bombardeavam umas às outras.

A partir do final de 1994, o Talibã (literalmente: "Estudantes", ou seja, estudantes de religião), uma facção islâmica estrita do Paquistão, fez um enorme avanço, conseguiu conquistar grandes partes do país e, a partir de 1996, recebeu Osama bin Laden, líder da organização terrorista Al-Qaeda. Em setembro de 1996, o Talibã tomou a capital Cabul e proclamou o Emirado Islâmico do Afeganistão. Eles introduziram uma interpretação rigorosa da lei Sharia e transformaram o país em uma teocracia. As

outras facções acabaram formando a Aliança do Norte
(nome próprio: Frente Islâmica Unida para a Salvação do
Afeganistão) no final de 1996, mas perderam cada vez
mais terreno.

Tensões internacionais crescentes

Em 8 de agosto de 1998, o Talibã capturou Mazar-i-Sharif,
levando a cabo um massacre da população xiita,
resultando em cerca de 8.000 mortes. Isto causou um
grande choque na comunidade internacional e o Irã
ameaçou durante algum tempo invadir o país para
proteger os xiitas, mas através da mediação das Nações
Unidas, eles se abstiveram de fazê-lo.

Nesse mesmo ano, a Al-Qaeda realizou dois atentados a
bomba contra as embaixadas dos EUA no Quênia e na
Tanzânia. O FBI colocou Osama bin Laden em uma lista
das 10 pessoas mais procuradas em 1999.

No ano seguinte, o Talibã reconheceu a Chechênia como
uma república islâmica independente, aumentando as
tensões com a Rússia. Em dezembro de 2000, as Nações
Unidas adotaram a resolução 1333 que impunha sanções
ao regime Talibã, exigindo que deixassem de apoiar

organizações terroristas e cessassem imediatamente suas
violações dos direitos humanos, especialmente contra
mulheres e meninas. Em março de 2001, o Talibã destruiu
os famosos Budas de Bamyan porque os considerava
"idolatria", levando novamente a grandes protestos
internacionais.

Intervenção dos EUA

Em 11 de setembro de 2001, 19 sequestradores da Al-
Qaeda levaram a cabo ataques terroristas nos Estados
Unidos, levando à morte de quase 3.000 cidadãos
americanos. Os EUA trataram isto como um ataque direto,
alistaram a ajuda de seus aliados da OTAN e declararam
guerra à Al-Qaeda e a todas as outras organizações
terroristas.

Depois que o Talibã se recusou a entregar Osama bin
Laden e seus capangas, os EUA e outras forças da OTAN
invadiram o Afeganistão em 7 de outubro de 2001, como
aliados da Aliança do Norte. Isto iniciou a Guerra do
Afeganistão (2001-presente). Após três meses, o país
estava quase inteiramente sob controle da Aliança do
Norte e da OTAN, mas Bin Laden e outros líderes da Al-

Qaeda e do Talibã já haviam fugido do país. Desde então,
o Talibã e a Al-Qaeda vêm travando uma guerra de
guerrilha para tentar reconquistar o Afeganistão.

www.ingramcontent.com/pod-product-compliance
Lightning Source LLC
Chambersburg PA
CBHW070603160726
48003CB00005B/2117